Jesus-Stories
_gechillt

Das Buch besteht aus Auszügen der Publikation:
Und Gott chillte. Die Bibel in Kurznachrichten
edition chrismon, Leipzig 2016, ISBN 978-3-96038-002-3

Bibliographische Information der Deutschen Nationalbibliothek: Die Deutsche Nationalbibliothek verzeichnet diese Publikation in der Deutschen Nationalbibliographie; detaillierte bibliographische Daten sind im Internet über http://dnb.dnb.de abrufbar.

Das Buch wurde auf alterungsbeständigem Papier gedruckt.

Cover: Anja Haß, Leipzig
Covermotiv: Ruvim Noga/unsplash.com,
Baranovskaya/iStock
Satz: makena plangrafik, Leipzig & Zwenkau
Druck und Binden: Westermann Druck Zwickau GmbH

ISBN 978-3-96038-337-6
www.eva-leipzig.de

Jesus-
Stories
_gechillt

Die Evangelien
gepostet

edition chrismon

Das Evangelium nach Matthäus

HEILIGER GEIST FÜHRT JESUS IN WÜSTE

1 **1–16** Seine Vorfahren sind zahl-
reich und dies ist die Geschichte
von Jesus Christus, aufgeschrieben in
diesem Buch. **17–25** Maria war schwan-
ger - nicht von Josef, im Traum erschien
ihm der Engel Gabriel. Er überbrachte
Gottes Wort und die Bestimmung des
Kindes Jesus.

2 **1–6** Weise folgen Stern nach Jeru-
salem, gehen König fragen: Neuer
König hier geboren? König Herodes er-
schrickt, forscht, wo Christus geboren
werden soll. **7–12** Herodes schickt die
Weisen, um den Geburtsort des Kindes
zu finden. Die Weisen sehen den Stern

und finden das Kind, sagen aber Herodes nichts. **13–18** Engel erscheint Josef im Traum: Flieht nach Ägypten! Die drei fliehen. Herodes zornig, da von Weisen betrogen, lässt alle Kleinkinder töten. **19–23** Nach dem Tod Herodes' sprach ein Engel zu Josef: Gehe heim, die Feinde sind tot. Und Josef kehrte mit seiner Familie heim nach Nazareth.

3 **1–8** Johannes der Täufer predigte vom Kommen Jesu. Viele Menschen ließen sich daraufhin taufen, aber die Schriftgelehrten sollten Buße tun. **9–12** Johannes: Die Abstammung von Abraham hilft Israel nicht, wenn die Werke fehlen: Gericht. Ankündigung Christi, der Feuertaufe und Gericht. **13–17** Jesus ging zu Johannes, um sich taufen zu lassen. Nach der Taufe sprach Gott zu den beiden: Dies ist mein Sohn, an dem ich Wohlgefallen habe.

4 **1–11** Heiliger Geist führt Jesus in Wüste > 40 Tage fasten > Satan

verführt und provoziert ihn > Jesus widersteht problemlos > Satan weicht > Engel kommen. **12–17** Jesus erfuhr, dass Johannes im Gefängnis war. Da zog er nach Kapernaum in Galiläa. Dort fing er an zu predigen: Kehrt um!

WENN EUER HORIZONT IRDISCH BLEIBT > NIX MIT HIMMEL

18–22 Unter den Fischern fand Jesus seine ersten 4 Jünger: Simon, genannt Petrus, seinen Bruder Andreas, Jakobus und seinen Bruder Johannes. **23–25** Als Jesu Gefolgschaft immer größer wurde, ging er auf einen Berg und setzte sich; und seine Jünger traten zu ihm.

5 **1–12** Jesus: Selig sind die Armen, die Sanftmütigen, die Barmherzigen, die Friedfertigen, die Verfolgten. Seid froh, euer Lohn ist im Himmel. **13–16** Ihr seid das Salz der Erde und das Licht der Welt. So lasst euer Licht leuchten, damit man eure guten Werke sieht

und um Gott zu preisen. **17–20** Ich komme, die Schrift zu erfüllen. Alles muss so geschehen. Ihr sollt nichts daran ändern. Wenn euer Horizont irdisch bleibt > nix mit Himmel. **21–26** Gebotsverschärfung Jesu: Nicht erst wer tötet, sondern schon wer zürnt, ist des Gerichts schuldig. Übt Versöhnung! **27–32** Gebotsverschärfung Jesu: Nicht erst wer ehebricht, sondern schon wer begehrt, ist des Gerichts schuldig. Keine Scheidung. **33–37** Sei aufrichtig und authentisch. Dann braucht es weder Schwur noch Eid noch irgendein beglaubigendes Wort. Sagt ja, ja oder nein, nein. Es genügt. **38–48** Gebotsverschärfung Jesu: Feindesliebe. Darum sollt ihr vollkommen sein, wie euer Vater im Himmel vollkommen ist.

LIEBE ÜBERWIEGT BOSHAFTIGKEIT BEI WEITEM

6 **1–5** Jesus: Bete aus freiem Willen und stell dein Gebet nicht zur Show. **6–15** Wenn ihr beten wollt, redet

nicht zu viel, Gott weiß schon, was ihr wollt. Betet einfach das Vaterunser. **16–18** Fasten muss man im Verborgenen, ohne dass jemand davon weiß oder erfährt. Denn Gott allein sieht es dann, das muss genügen! **19–25** Habt keine Angst und sorgt euch nicht. Ihr braucht weder Reichtum noch Schätze. Das höchste Gut habt ihr geschenkt bekommen: euer Leben. **26–34** Sorgt euch nicht immer erst um die materiellen Dinge wie Essen und Kleidung, sorgt euch erst darum, dass ihr Gottes Gnade erlangt.

7 **1–6** Jesus: Urteile nicht über andere, bevor du deine Fehler nicht korrigiert hast. Gehe sorgfältig mit dem um, was du hast und denke erst, bevor du handelst. **7–11** Wer bittet, der bekommt! Liebe überwiegt Boshaftigkeit bei weitem. Gute Gaben immerdar, vor allem vom Vater im Himmel. Ihr müsst nur bitten. **12–14** Das alte Gesetz vergilt Gleiches mit Gleichem. Ihr aber sollt durch das enge Tor gehen – obwohl der

Weg anstrengender ist, führt er zum Leben. **15–23** Ein guter Baum trägt gute Früchte, ein fauler Baum faule Früchte, aber nie andersrum. Viele berufen sich auf Dinge, an die sie nicht glauben. **24–29** Wer auf Jesu Worte hört und danach handelt, ist wie ein Mann, der sein Haus auf Felsen baut. Auch ein Platzregen kann ihm nichts anhaben.

PANIK IM BOOT

8 **1–4** Viele Fans folgten Jesus vom Berg. Ein Aussätziger bittet Jesus um Hilfe. Jesus heilt und sagt, er solle nichts sagen – der Priester werde schon sehen. **5–13** Hauptmann bittet Jesus um Fernheilung für seinen Knecht, Jesu Geist genügt für Heilung, persönliches Erscheinen unnötig. **14–17** Jesus besucht Petrus' kranke Schwiegermutter. Er heilt sie. Sie ist froh und macht Werbung. Mehr Menschen eilen herbei und lassen sich helfen. **18–22** Wer Jesus folgen will, muss auf allen Komfort und jede Bindung

verzichten, denn Jesus ist mittellos, ungebunden und frei. **23–27** Orkan auf dem See, Panik im Boot. Jesus schläft. Geweckt rügt er Kleinglauben und Angst seiner Freunde, beruhigt das Meer. Stille – Staunen! **28–33** Anderes Ufer: Jesus treibt zwei böse Geister aus & in eine Schweineherde hinein, die darauf ertrinkt. Leute sauer, Jesus wieder nach Hause.

9 **1–8** Jesus sieht den Glauben der Helfer, vergibt dem Gelähmten seine Sünden, was Protest bei den Schriftgelehrten hervorruft. Dann heilt Jesus ihn auch! **9–13** Jesus wird kritisiert, weil er sich von Sündern nicht absondert. Er antwortet, dass er den Menschen nahe sein will, die ihn brauchen. **14–17** Jesus zu Jüngern des Johannes: Meine Jünger fasten nicht, weil ich, der Bräutigam, jetzt noch da bin. Kein neuer Wein in alte Schläuche. **18–26** Auf dem Weg zu einem todkranken Mädchen heilt Jesus eine Frau mit Blutfluss; danach erweckt

JESUS HEILT EINEN BESESSENEN

er das inzwischen gestorbene Mädchen zum Leben. **27–31** Bei seiner Heimkehr heilte Jesus zwei Blinde durch seine Hände und den Glauben der beiden. Sie gaben Zeugnis trotz der Warnung durch Jesus. **32–38** Jesus heilt einen Besessenen. Einige sehen Jesus mit dem Satan im Bunde. Jesus aber predigt das Evangelium und ermutigt zur Nachfolge.

10 **1–8** Die 12 Apostel: Petrus, Andreas, Jakobus, Johannes, Philippus, Bartholomäus, Thomas, Matthäus, Jakobus, Thaddäus, Simon Kananäus und Judas. **9–15** Aussendung der Jünger: Armut. Als Gast wohnen bei jemandem, der es wert ist: Segen. Sonst dort fortgehen und den Staub von dort abschütteln. **16–23** Jesus: Ich schick euch wie Schafe unter Wölfe. Vorsicht mit allen Menschen. Aber keine Angst – ich bin bei euch! Dranbleiben – dann wirst du selig! **24–33** Jesus sagt: Folgt meinem Bei-

spiel. Gottes Wahrheit soll jeder hören. Redet ohne Furcht davon! Wer zu mir steht, dem werde ich auch beistehen. **34–39** Nicht immer Friede/Freude/ Eierkuchen. Auch mal Tacheles reden & Profil zeigen. Entscheidung fürs Kreuz ist radikal - schenkt aber ewiges Leben. **40–42** Wer Gott und Jesus folgt, der wird belohnt. Ebenso, wer ein gerechtes Leben führt.

DU WIRST SANFT SEIN

11 **1–9** Johannes aus dem Gefängnis zu Jesus: Bist du's nun? Jesus: Erkenne mich an meinen Taten. Johannes: Anders als Könige, mehr als ein Prophet. **10–19** Johannes bereitet als Bote Jesus den Weg. An Johannes wurde die Askese kritisiert, an Jesus sein Genießen & sein Leben der Annahme anderer. **20–30** Jesus will alle Beladenen erquicken. Wenn sie ihr Joch auf sich nehmen, werden sie Ruhe finden für ihre Seelen.

12 **1–8** Jünger raufen Ähren am Sabbat: Kritik. Jesus: Wie David und Schaubrote. Barmherzigkeit. Der Menschensohn ist ein Herr über den Sabbat. **9–14** In der Synagoge heilte Jesus am Sabbat einen Kranken. Die Pharisäer wollten Jesus durch Fragen eine Falle stellen. Sie hatten keinen Erfolg. **15–21** Jesus heilt. An ihm erfüllt sich, was im Alten Testament steht: Dich habe ich erwählt, ich will dir meinen Geist geben! Du wirst sanft sein. **22–28** Jesus heilte einen Besessenen. Die Pharisäer sahen darin ein Werk der bösen Geister. Jesus sagte: Wie kann man Satan mit Satan austreiben? **29–37** Du bist verantwortlich für dein Tun und Reden. Drum gib acht! Ein guter Mensch bringt gute Taten. Wer nicht für Jesus ist, ist gegen ihn. **38–42** Wer nach Jonas Zeichen Buße tut, wird im Himmel Gottes Vergebung erfahren. Wer nach Salomos Zeichen lebt, wird diese nicht erfahren. **43–44** Ein unreiner Geist, der ausgetrieben wurde, kommt manchmal zurück, wenn er keine

Ruhe findet. **45–50** Jesus: Das Geschlecht wird wie von 7 bösen Geistern besessen sein. Wer aber den Willen meines Vaters tut, ist mir Bruder, Schwester und Mutter.

HERODES KERKERT JOHANNES EIN

13 **1–14** Gleichnis vom Sämann. Saat fällt auf Weg, Felsen, unter Dornen, auf Land. Gleichnisse sind für Verständige. Wer Ohren hat, der höre. **15–23** Gott hat uns Augen, Ohren und Herzen gegeben, um sich für ihn einzusetzen. Ein Wort, auf gutem Boden gesät, wird viele Früchte tragen. **24–30** Das Himmelreich ist Gnade: Unkraut darf mit dem Weizen wachsen. Erst zur Erntezeit wird es vom Weizen getrennt. Bringt Frucht! **31–35** Jesus lehrt in Gleichnissen. Das Himmelreich gleicht einem gesäten Senfkorn: Erst ganz klein, dann wird es zum Baum und bietet allen Schutz. **36–43** Das Gleichnis wird gedeutet: Same = Kinder Gottes; Unkraut = Kinder des Bösen;

Feind = Teufel; Ernte = Ende der Welt; Schnitter = Engel. **44–53** Himmelreich = Schatz, verborgen im Acker. Am Ende der Welt wird sein: Engel scheiden Böse von den Gerechten. **54–58** Jesus unterrichtete in seiner Heimat, aber die Leute ärgerten sich über seine Weisheit und enttäuschten Jesus, so dass er keine Wunder tat.

14 **1–13** Herodes kerkert Johannes ein. Herodias brachte Herodes dazu, Johannes zu köpfen. Sie brachte den Kopf der Mutter. Jünger begruben Johannes und sagten es Jesus. **14–21** Jesus segnete 5 Brote und bekam 5000 Menschen damit satt. Als sie die Reste sammelten, waren noch 12 Körbe voll Brot übrig.

PETRUS VERSANK FAST IM WASSER

22–33 Jesus ging übers Wasser zu den Jüngern. Diese glaubten ihm nicht, und Petrus versank fast im Wasser, weil er nicht an Jesus glaubte. **34–36** In Genezareth angekommen, wurde Jesus von den Menschen umschwärmt, und alle Kranken wollten seinen Saum berühren – und sie wurden wieder gesund.

15 **1–11** Und Jesus sprach zu den Pharisäern: Du sollst Vater und Mutter ehren; wer aber Vater und Mutter flucht, der soll des Todes sterben. **12–20** Jesus deutet das Gleichnis: Das Essen mit dreckigen Händen macht die Menschen nicht unrein, sondern die bösen Worte aus dem Herzen. **21–29** Kanaanäische Frau bittet für ihre Tochter. Jesus: Sie ist nicht aus Israel. Sie: Aber wir bekommen Segen, der bei Israel übrig ist. Gesund. **30–39** Das Volk pries Gott, da Jesus Kranke heilte. Jesus verlangte 7 Brote und Fische, verteilte dies und alle 4000 wurden satt.

16 **1–6** Pharisäer und Sadduzäer wollen ein Zeichen von Jesus: verweigert. Kein Zeichen, es sei denn das Zei-

UMFRAGE: WER IST JESUS?

chen des Jona. Jünger kommen ohne Brot. **7–12** Als sie hörten, dass es nicht um die Brote ging, erkannten sie, dass es die Lehren waren, vor denen Jesus sie gewarnt hatte. **13–20** Umfrage: Wer ist Jesus? Wer ist er? Petrus: Christus. Jesus: Petrus ist der Fels, auf den die Gemeinde gebaut werden soll. Aber sagt es keinem. **21–28** Jesus @ Jünger: vor uns das Martyrium. Petrus: Gott muss dich davor schützen. Jesus: Wer das Leben erhalten will, verliert es, wer es aufgibt, gewinnt es.

TOLLES HIGHLIGHT AUF HOHEM BERG

17 **1–12** Tolles Highlight auf hohem Berg. Jünger: Wir wollen bleiben. Gott: Dieser Jesus ist mein Sohn, hört auf ihn. Weg zurück wird zum Leidensweg Jesu. **13–21** Jesus heilt einen Mondsüchtigen. Die Jünger fragen, wie er das

geschafft hat. Jesus sagt: Glaube kann Berge versetzen. **22–23** Jesus sprach zu seinen Jünger und klärte sie auf über alles, was in den nächsten Tagen mit ihm passieren würde. **24–27** Als die Tempelsteuer eingefordert wurde, holt Petrus Rat bei Jesus. Der macht ein Fisch-Geldstück-Wunder. Und die Steuerschulden sind weg.

18 **1–6** Jesus: Wer aber Kinder zu unrechten Dingen verführt, für den wäre es besser, dass ein Mühlstein an seinen Hals gehängt und er ersäuft würde. **7–11** Besser behindert als ins Fegefeuer. **12–14** Jesus: Hundert Schafe. Eines hat sich verirrt. Dieses wird vom Herrn gesucht und gefunden und er freut sich mehr darüber als über die 99 auf der Weide. So freut sich auch Gott. **15–17** Tut ein Christ dir Unrecht, stell ihn unter vier Augen zur Rede. Bereut er nicht, wende dich an die Gemeinde. Bereut er nicht, ist er ausgegrenzt. **18–20** Was auf Erden ist, soll auch im Himmel sein. Jesus ist

unter denen, die in seinem Namen versammelt sind. **21–28** Petrus fragt Jesus, wie oft er Sündern vergeben soll. Er antwortet: 490-mal, es ist wie bei einem König, der seinem größten Schuldner vergibt. **29–35** Wird dir vergeben, vergib auch den anderen. Wenn du geliebt wirst, liebe auch die anderen. Halte es so und Gott wird dies auch an dir tun.

JESUS ERKLÄRT, DASS DEN KIDS DAS HIMMELREICH GEHÖRT

19 **1–7** Hochzeit = aus 2 × Fleisch wird eins. Was nun Gott zusammengebracht hat, das soll der Mensch nicht scheiden. **8–12** Es gibt Männer, die sollten nicht heiraten, sie werden ohnehin nicht klarkommen mit der Ehe. Jeder ist anders, mancher ist besser Single. **13–15** Als Kinder zum Segnen zu Jesus gebracht werden, verhindern die Jünger das. Jesus erklärt, dass den Kids das Himmelreich gehört. Und segnet sie! **16–26** Jesus antwortete, wahrscheinlich

geht eher ein Kamel durch ein Nadelöhr als ein Reicher in Gottes Reich. Doch bei Gott ist alles möglich. **27–30** Petrus ist mit seiner Gemeinde Jesus gefolgt und bekommt gesagt, dass die Ersten die Letzten sein werden und umgekehrt, bezogen auf Israel.

20 **1–8** Himmelreich = Hausherr, der 5-mal am Tag loszog, um Arbeiter für Weinberg zu suchen, und allen den gleichen Lohn gab. **9–16** Tja, das ist das Privileg des Chefs. Er bestimmt über die Gehälter, wer sich auf einen Preis einlässt, sollte später nicht motzen. **17–19** Auf dem Weg hinauf nach Jerusalem bereitet Jesus seine Jünger auf seine Festnahme und Kreuzigung und seine Auferstehung am dritten Tag vor. **20–28** Jakobus' und Johannes' Mutter bittet Jesus um eine Sonderstellung für ihre Söhne. Jesus: Wer der Größte sein will, der soll dienen. Wie er. **29–34** Zwei Blinde hinter Jericho sahen Jesus und baten

ihn um Hilfe. Sie konnten wieder sehen und schlossen sich ihm an.

JESUS RAST UND VERJAGT BANKER UND FLIEGENDE HÄNDLER AUS DEM TEMPEL

21 **1–11** In der Nähe von Jerusalem bat Jesus zwei Jünger, einen Esel zu holen, und ritt vom Volk bejubelt in die Stadt. **12–17** Jesus rast und verjagt Banker und fliegende Händler aus dem Tempel. Er heilte Blinde und Lahme, Kinder riefen Hosianna dem Sohn Davids, Hohepriester empört darüber. **18–22** Jesus zeigt den Jüngern am Beispiel eines Baumes, wie Glaube Berge versetzen kann. Wer im Gebet bittet und glaubt, der wird es empfangen. **23–27** Jesus lehrt im Tempel. Dort fragten ihn die Hohenpriester und Ältesten nach seiner Vollmacht. Die Diskussion war aber fruchtlos, und Jesus brach sie ab. **28–32** Jesus erklärte ihnen, dass es nicht darauf ankommt, gut zu reden, sondern wichtiger ist, gut zu handeln. Scheinheiligkeit ist fehl am

Platz. **33–40** Ein Mann verpachtet seinen Weinberg. Die Pächter töten die Knechte und den Sohn wegen des Erbes und der Ernte. Was tun mit dem Besitzer? **41–46** Das Land der Chaldäer soll verwüstet werden, und das Volk wird umherirren. Ihre Feinde werden sich im Recht sehen.

22 **1–14** Gleichnis von Jesus: König lädt zu Fest ein, alles vom Besten. Niemand kommt, viele Ausreden. König wütend und lässt alle bestrafen. **15–22** Die Pharisäer wollten Jesus überlisten: Müssen wir Steuern zahlen? Er erkannte die Falle: Wer auf dem Geld abgebildet ist, dem gehört es.

JESUS ERZÄHLT SEINEN JÜNGERN VOM ENDE DER WELT

23–31 Auferstehung der Toten bedeutet nicht ein Wiederlebendigwerden des menschlichen Körpers. Der Körper stirbt, der Geist bleibt lebendig. **32–40** Jesus:

Gott ist ein Gott der Lebenden! Das höchste Gebot ist, Gott vollumfänglich zu lieben – »Liebe deinen Nächsten wie dich selbst« auch! **41–46** Jesus fragt Pharisäer: Was denkt ihr vom Erlöser, und wessen Sohn ist er? Pharisäer: Davids! Jesus: Und wieso nennt David ihn Herr? Pharisäer: Ähhh ...

23 **1–12** Jesus sprach: Befolgt die Schrift, handelt nicht wie Pharisäer! Ihr seid alle Brüder, Gott/Christus ist Vater und Lehrer. Seid demütig. **13–22** Es geht nicht um euren Profit. Nutzt nicht die Unwissenheit der Menschen aus. Es geht um die Wahrheit vor Gottes Heiligkeit. **23–30** Jesus verdammt die Pharisäer als Heuchler, die äußerlich fromm sind und sich damit brüsten, dass sie die Propheten nicht getötet haben. **31–36** Jesus klagt die Nachkommen der Prophetenmörder an und erklärt, dass sie für diese Schuld zur Rechenschaft gezogen werden. **37–39** Jerusalems Taten

sind schlecht, so werden sie allein gelassen, bis sie sich zum Herrn bekennen.

24 **1–12** Jesus erzählt seinen Jüngern vom Ende der Welt. Schlimme Prophezeiung. Wer dem Glauben aber treu bleibt, der wird selig werden. **13–28** Wenn das Ende kommt, fliehe, wer in Judäa ist, in die Berge. Aber hütet euch vor falschen »Christussen«, die es geben wird. **29–31** Nach der Bedrängnis: Licht aus, Mond dunkel, Sterne fallen ... das ZEICHEN ... Menschen wehklagen, Auserwählte werden eingesammelt.

SEI ALLZEIT BEREIT

32–44 Erkennt die Zeichen der Zeit! Himmel und Erde werden vergehen, auch wenn ihr den genauen Zeitpunkt nicht kennt – seid bereit. **45–51** Der Knecht soll das ihm entgegengebrachte Vertrauen nicht missbrauchen, sonst wird er bestraft werden.

25 **1–13** Wer zu spät kommt, den bestraft das Leben. Sei nicht töricht, sondern handle klug, vorausschauend. Bedenke, dass du die Spanne deines Lebens nicht kennst. Sei allzeit bereit. **14–22** Herr vertraut Knechten Geld an, die Menge entsprechend ihrer Tüchtigkeit. Diese vermehren, verdoppeln es. Herr erfreut, lobt, belohnt sie. **23–29** So will es der Herr: Wer viel hat, wird noch mehr bekommen; wer wenig hat, dem wird alles genommen. **30–38** Wenn Jesus wiederkommt, wird er für Gerechtigkeit sorgen. Wie ein Hirte, der den anderen das gegeben hat, was sie brauchen. **39–46** Einem Mitmenschen Gutes tun? Wer's probiert, merkt, dass Jesus im anderen steckt. Kranke pflegen, Gefangene besuchen: Auf geht's! Er wartet.

NUR WER SICH WAS GÖNNT, MACHT DAS LEBEN LEBENSWERT

26 **1–5** Jesus spricht: In zwei Tagen ist Passah, danach werde ich ge-

kreuzigt. – Hohepriester überlegen, wie sie Jesus ohne Volksaufstand töten könnten. **6–15** Frau salbt Jesus, erkennt seine Größe. Jünger verärgert über Verschwendung, sie erkennen nichts. Jesus erklärt: Nur wer sich was gönnt, macht das Leben lebenswert. Aber Judas versteht nicht. **16–19** Vorbereitung zum Abendmahl. Die Jünger gehen in die Stadt und sollen dort jemanden finden, in dessen Haus das Passahlamm zubereitet werden kann. **20–25** Am Abend saß er mit den Zwölfen am Tisch und aß. Als er sagte: Einer von euch wird mich verraten, sagte Judas: Bin ich's, Rabbi – sagte er. Ja. **26–30** Jesus verteilte Brot und Wein und sprach: Esset, das ist mein Leib, und trinket, das ist mein Blut des Bundes zur Vergebung der Sünden.

JUDAS VERRÄT JESUS

31–35 Jesus spricht: In dieser Nacht werdet ihr mich verleugnen. Petrus schwört: Niemals! Eher sterbe ich. Jesus: Auch du, gleich 3-mal, noch bevor der Hahn kräht. **36–46** Jesus betet zu Gott, denn die Jünger haben ihn bereits verlassen, sie schlafen. Jesus: Gott, Dein Wille geschehe, nicht meiner, aber verschon mich. **47–56** Judas verrät Jesus durch einen Kuss. Er wird festgenommen. Ein Jünger ergreift das Schwert. Jesus: Stopp. Die Schrift muss erfüllt werden. **57–68** Jesus wird angeklagt, verteidigt sich aber nicht. Er bekräftigt seine Stellung als Gottessohn – und wird der Gotteslästerung verurteilt. **69–75** Dreimal verleugnet Petrus seinen Herrn, wie Jesus es ihm prophezeit hat. Da weint Petrus sehr.

27 **1–2** Morgens fassten alle Hohenpriester und Ältesten den Beschluss, Jesus zu töten, banden ihn und überantworteten ihn dem Statthalter Pilatus. **3–10** Judas bereut seinen Verrat an Jesus – zu spät! Er wirft Geld weg und erhängt sich. Hohepriester kaufen davon »Blutacker« – Prophezeiung erfüllt. **11–14** Jesus war vor dem Statthalter und sagte

auf die Frage, ob er der König der Juden sei, du sagst es. Auf alle anderen Fragen antwortete er nicht. **15–25** Gegen besseres Wissen lässt Pilatus den unschuldigen Jesus kreuzigen und erweist dem schuldigen Barabbas Gnade.

DIE ERDE BEBTE

26–30 Sie geißelten ihn, zogen ihn aus und setzten ihm eine Dornenkrone auf. Sie spotteten: Gegrüßt sei der König der Juden. **31–44** Sie schlugen Jesus ans Kreuz. Verspottet, gedemütigt, gefoltert. »Der Juden König« -gekreuzigt zwischen zwei Räubern. Rette dich doch! Wenn du kannst, rufen sie. **45–56** Mein Gott, warum hast du mich verlassen, schrie Jesus – und starb. Die Erde bebte. Alle, die dabei waren, wussten: Jesus ist der Gottessohn. **57–61** Josef legte den Leib von Jesus in seine Grabhöhle und verschloss diese mit einem Fels. Maria von Magdala und Maria waren auch am Grab. **62–66** Pilatus sprach zu den Hohenpriestern: Bewacht das Grab des Verführers, so dass seine Jünger ihn nicht stehlen und sagen, er wäre auferstanden.

28 **1–9** Am ersten Tag der neuen Woche: Das Grab ist leer. Ein Engel verkündet: Er wird euch vorausgehen. Fürchtet euch nicht! Siehe, da erscheint ER. **10–14** Jesus sprach: Geht und sagt, dass ich in Galiläa bin. Gleichzeitig bestach die Wache die Soldaten, um zu kaschieren, was geschehen war. **15–20** In Galiläa begegnen die Jünger dem Auferstandenen. Er sendet sie aus: Sagt das Evangelium weiter. Tauft. Lehrt. Und wisst: Ich bin bei euch alle Tage bis an der Welt Ende.

Das Evangelium nach Markus

ALLE SCHOCKIERT ÜBER JESU POWER

1 **1–8** Markus beginnt sein Evangelium mit Johannes dem Täufer. Der predigt und tauft im Jordan und ist Wegbereiter von Jesus Christus, Gottes Sohn. **9–13** Jesus wird von Johannes getauft. Der Heilige Geist (Taube) fährt in ihn und Gott sagt, dass er ihn liebt > 40 Tage Wüste inklusive Versuchung von Satan. **14–20** Jesus sagt: Gottes Reich ist da, tut Buße und glaubt! Simon, Andreas, Johannes und Jakobus wurden Menschenfischer nach Jesu Aufforderung. **21–28** Kapernaum/Synagoge: Jesus lehrt – alle schockiert über Jesu Power. Erst mal einen Dämonen vertrieben – Publikum noch mehr schockiert, aber über-

zeugt. **29–31** Sie gingen zu der Schwiegermutter Simons, die starkes Fieber hatte. Er heilte sie durch Handauflegen. Sie war sehr dankbar.

VIELE MENSCHEN STRÖMEN ZU JESUS

32–39 Jesus heilte Kranke, trieb Besessenen böse Geister aus, zog immer weiter in die Städte, um auch dort zu predigen und böse Geister auszutreiben. **40–45** Aussätziger zu Jesus: Hilf mir. Jesus: Sei rein, aber schweig davon. Geheilter erzählt allen von der Heilung. Viele Menschen strömen zu Jesus.

2 **1–12** Ein riesiger Menschenauflauf. Man bringt einen Gelähmten – und Jesus heilt ihn. Großes Erstaunen und Entsetzen. **13–17** Jesus bittet Levi, den Zöllner, ihm zu folgen. Die Leute entsetzt: einen Sünder? Jesus: Gesunde brauchen keinen Arzt, ich bin für Kranke da. **18–22** Jünger Jesu fasten nicht, da

Festzeit ist, solange Jesus noch bei ihnen ist. Keinen neuen Wein in alte Schläuche. **23–28** Am Sabbat ernteten die Jünger Korn, Jesus heilte. Das Gesetz ist für die Menschen gemacht, nicht umgekehrt! Sie wollten ihn dafür töten.

NICHT MEINE LEIBLICHEN VERWANDTEN SIND MEINE FAMILIE

3 **1–12** Um vor den hilfesuchenden Menschen nicht bedrangt zu werden, floh Jesus mit dem Boot auf den See. **13–19** Jesus setzt die 12 Jünger ein und will sie aussenden, zu predigen und Geister auszutreiben. Simon wird Petrus genannt. Auch Judas ist dabei. **20–30** Vorwurf, Jesus triebe Geister mit dem Satan aus. Jesus: Nein, sondern Geister gehören doch zu Satan. Keine Sünde gegen den Heiligen Geist. **31–35** Jesus: Nicht meine leiblichen Verwandten sind meine Familie, sondern wer Gottes Willen tut, ist für mich Bruder, Schwester und Mutter zugleich.

MENSCH BENÖTIGT RICHTIGE NEURONALE STRUKTUREN

4 **1–12** Wieder eine Predigt auf dem See mit supervielen Leuten. Gelernt, wie wichtig es ist, die Ohren auch mit Herz und Verstand zu nutzen. **13–20** Der Sämann sät das Wort. Um Gottes Wort zu verstehen und sich entsprechend zu verhalten, benötigt der Mensch die richtigen neuronalen Strukturen. Nur wenige haben sie. **21–25** Jesus: Versteckt nichts. Nutzt eure Wahrnehmung. Seid nicht zu kritisch mit anderen. Seid großzügig. **26–29** Mit Gottes Reich ist es so, wie wenn ein Mensch sät & aus den Samen bald wie von allein Großes wächst, das dann geerntet wird. **30–34** Das Reich Gottes ist wie ein Senfkorn. Jesus vermittelt nur durch Gleichnisse seinen Zuhörern die Botschaft – Auslegungen bekommen nur Jünger. **35–41** Sturm auf Meer: Jesus schläft und die Crew hat Angst. Crew weckt Jesus und er gebietet dem Sturm

**JESUS SCHLÄFT –
UND DIE CREW HAT ANGST**

Ruhe. Jesus zur Crew: Warum so ängstlich, glaubt ihr nicht?

5 **1–11** Ein extrem kräftiger Besessener (lebte in Höhlen) bittet Jesus um Heilung vom unreinen Geist »Legion«. In der Nähe gab's viele Schweine. **12–20** Jesus heilt Besessenen – lässt Geister in Säue fahren – stürzen sich in Fluss – Furcht – Jesus wird fortgeschickt – Geheilter erzählt Wunder. **21–33** Während Jesus zu Jairus und seiner todkranken Tochter geht, berührt ihn eine Frau und wird dadurch geheilt. Jesus spricht sie darauf an. **34–43** Die Tochter eines Mannes ist gestorben. Jesus sagte: Fürchte dich nicht, glaube nur. Er sprach: Mädchen, ich sage dir, steh auf! Und sie stand auf.

6 **1–6** Jesus lehrt in der Synagoge und die Leute wundern sich. Sie kennen doch die Familie, aus der er

stammt! Fazit: Der Prophet gilt nichts daheim. **7–13** Jesus lässt seine Apostel ausziehen, damit diese seine Worte in die Welt bringen und seine Taten vorführen.

JESUS IST TRAURIG

14–21 Jesu Taten konnten nicht eingeordnet werden – war es Johannes der Täufer, Elia oder Johannes, den Herodes enthauptete? **22–29** Herodes schwor, dem Mädchen einen Wunsch zu erfüllen. Sie wünschte sich das Haupt Johannes des Täufers und bekam es. Seine Jünger begruben ihn. **30–37** Die ausgesandten Jünger kehren zurück, berichten Jesus. Sollen ruhen. Viele folgen. Wie Schafe, die keinen Hirten haben: Jesus ist traurig. **38–44** Es waren Hunderte hungrige Menschen. Jesus bekommt 5 Brote und 2 Fische. Er sah zum Himmel, brach Brot und Fische – und alle wurden satt. **45–52** Jesus betet auf einem Berg, während die Jünger vom Sturm bedroht. Er geht auf dem Wasser zu ihnen und erschreckt sie, dabei beendet er den Sturm. **53–56** Jesus steigt in Genezareth aus dem Boot. Da kommen viele Kranke. Wer von Jesus berührt wird, der wird wieder gesund.

DREI TAGE NIX ZU BEISSEN

7 **1–10** Die Jünger essen mit dreckigen Händen, schimpften Pharisäer. Ihr Heuchler macht euch Menschenregeln, brecht aber Gottes Gebote, sagte Jesus. **11–23** Gott sagt zu dem Volk: Keine äußeren Einflüsse machen einen Menschen schlecht, sondern nur die innere Einstellung. **24–30** Nicht-Jüdin verlangt von Jesus Heilung der Tochter. Jesus: nur Israel. Sie: Segen Israels ist übrig für alle. Tochter darauf gesund. **31–37** Jesus heilt einen Tauben & Stummen. Er wünscht, dass die Leute es nicht weitersagen – aber sie können es nicht für sich behalten.

8 **1–9** Hunger! Drei Tage nix zu bei-
ßen. Nur 7 Brote. Jesus dankt, gibt
sie den Jüngern zum Austeilen. Alle wer-
den satt und es bleiben sogar noch Res-
te. **10–12** Pharisäer kommen, um zu
streiten und ein Wunder zu provozieren.
Jesus seufzt und denkt: Nee, denen nun
nicht! **13–21** Sie waren hungrig im Boot.
Jesus sprach: Hütet euch vor dem schlei-
chenden Einfluss des Falschen, sorget
nicht, glaubt: Gott sorgt für euch. **22–26**
Jesus macht einen Blinden vor den Toren
Betsaidas sehend. Jesus schickt ihn
heim und ermahnt ihn, Betsaida nicht zu
betreten. **27–30** Jesus fragt Jünger: Was
glauben die Leute und ihr, wer ich bin?
Petrus: Du bist der Erlöser! Jesus: Okay,
aber bitte nicht weitersagen. **31–33**
Jesus fing an, sie die Prophezeiung zu
lehren (Leid, Kreuzigung, Auferstehung).
Petrus widerspricht. Jesus: Weg Satan,
das ist menschlich gedacht. **34–38**
Jesus: Um mir nachzufolgen in das Reich
Gottes, müsst ihr Folgendes tun: Ver-

leugnet euch meinetwegen, nehmt nicht an eurer Seele Schaden.

WIR AKZEPTIEREN ALLE MENSCHEN, AUCH DIE MIT BEHINDERUNGEN. MFG, JESUS

9 **1–13** Verklärung Jesu. Elia und Mose mit Jesus. Gott bekennt sich zu Jesus. Ankündigung Auferstehung von den Toten. Elia ist gekommen. **14–20** Ihr Ignoranten! Bringt den Epileptiker zu mir! Wir akzeptieren alle Menschen, auch die mit Behinderungen. MfG, Jesus. **21–29** Glaube kann heilen: Vater kommt mit krankem Kind zu Jesus, der heilt. Jünger fragen: Warum klappte es bei uns nicht? Nur mit Gebet klappt's. **30–32** Jesus prophezeite den Jüngern seinen Tod und seine Auferstehung. Aber sie verstanden nur Bahnhof und hatten Angst, nochmals nachzufragen. Klingt wirr. Aber so ist es nun mal. **33–41** Streit, wer der Höchste im Himmelreich. Der Erste soll nicht Diener sein wie ein Kind. Wer nicht gegen uns ist, der ist für uns. **42–50** Der Herr

sagt: Was immer dich dazu bringt, dich von mir abzuwenden: Versuche, dich davon zu entfernen oder zu trennen.

WERDET IHR WIE KINDER, SONST KEIN HEIL

10 **1–12** Pharisäer: Ist Scheidung erlaubt? Jesus: Gott hat es erlaubt, weil ihr so hart seid, aber wer das tut und wieder heiratet, macht Ehebruch. **13–16** Kinder zu Jesus? Nein! Jesus: Doch! Kinder haben alles, um zu mir zu gehören. Werdet IHR wie die Kinder, sonst kein Heil. Jesus schmust sie. **17–23** Reicher Jüngling: Wie bekomme ich ewiges Leben? Jesus: Dann befolge die Gebote. Hat er getan. Jesus: Verkaufe alles für Arme. Kann er nicht. O je! **24–31** Entsetzen! Jesus: Eher Kamel durchs Nadelöhr als Reicher durchs Himmelstor. Entsetzen größer! Jesus: Gott ist's möglich. Ihr habt's gezeigt. **32–34** Auf dem Weg nach Jerusalem wandte Jesus sich zu seinen Jüngern und sprach über alles, was in

den nächsten Tagen mit ihm passieren würde: seinen Tod und seine Auferstehung. **35–45** Rangstreit im Himmel. Auch Jesus selbst will anderen dienen und sein Leben geben als Lösegeld für viele. **46–52** Ein Blinder ohne Selbstvertrauen und Hoffnung wagte, Jesus anzurufen. Sein Vertrauen heilte ihn und dann folgte er Jesus.

11 **1–11** Für einen stilvollen Einzug in Jerusalem wird ein junger Esel ausgeliehen, auf dem Jesus reitet. **12–14** Jesus hat Hunger. Er geht zu einem Feigenbaum; der trägt keine Frucht. Jesus verflucht den Feigenbaum auf Ewigkeit. Seine Jünger hörten es. **15–19** Jesus mischt den Tempel auf, weil ein »Konsumtempel« draus gemacht wurde. Hohepriester und Konsorten wollen ihn umlegen > Angst vor Jesu Macht. **20–26** Anhand eines Feigenbaums zeigt Jesus auf: Glaubt bei euren Gebeten, so wer-

den sie euch erfüllt werden! **27–33** Darfst du das, Jesus?, fragten die Frommen. Und Jesus: Könnt ihr unterscheiden zwischen erlaubt und unerlaubt? Nein, ihr kapiert es nicht.

12 **1–6** Ein Bauer vermietet sein Rebenland. Er schickte Knechte, die sein Anteil holen sollten. Sie wurden alle geschlagen. Dann sandte er seinen Sohn. **7–12** Die Weingärtner bringen auch den Sohn um. Hoffen, dann alles zu erben. Aber der Herr des Weinbergs wird sie töten und den Berg anderen geben. **13–17** Herodes-Fans wollen Jesus eine Falle stellen, sie fragen: Steuern zahlen, ja oder nein? Jesus: Dem Kaiser geben, was ihm zusteht. Dasselbe für Gott. Verwunderung! **18–27** Jesus erklärt: Im Himmel wird Leben sein aus der Kraft Gottes, und dieses Leben ist anders als alles, was wir hier auf der Erde kennen. **28–34** Liebe deinen Nächsten wie dich selbst.

WER WENIG HAT UND WENIG GIBT, GIBT MEHR ALS DER REICHSTE MENSCH

35–37 Jesus spricht: Wieso sagen die Schriftgelehrten, der Christus sei Davids Sohn, wenn Christus doch der Herr ist? Und alle hören ihm zu. **38–40** Jesus warnt ernsthaft vor selbstverliebten und egoistischen Schriftgelehrten, die Arme verachten und die eigene Frömmigkeit zur Schau stellen. **41–44** Jesus sagt: Wer wenig hat und wenig gibt, gibt mehr, als der reichste Mensch je geben kann.

13 **1–11** In Zeiten des Unwohlseins wird euch der Herr beistehen. Stellt euch dem Ungewissen und fürchtet nichts, denn Gott ist bei euch, hilft euch. **12–23** Ihr werdet euch gegenseitig töten. Wenn die Strafen kommen, hütet euch vor falschen Propheten. **24–27** Nach dieser Bedrängnis kommt ein kosmisches Chaos, und Jesus kommt in großer Kraft und Herrlichkeit und versammelt um sich ewig die Auserwählten.

28–37 Gleichnis am Feigenbaum: Wenn er blüht, ist Sommer. Himmel und Erde werden vergehen; Worte werden nicht vergehen. Ihr sollt wachen!

14 **1–2** Noch 2 Tage bis Passahfest. Hohepriester wollen Jesus hochnehmen und töten. Aber nicht beim Fest, wegen zu viel Aufruhr ... **3–9** Einige erboste, dass eine Frau Jesus mit teurem Öl übergoss, statt das Geld zu spenden. Doch Jesus verteidigte sie: Sie tat, was sie konnte! **10–11** Judas ging zu den Priestern und sagte zu, Jesus zu verraten. Die Priester versprachen ihm Geld dafür. **12–16** Ein Ort für das Passahlamm: auf wunderbare Weise vorbereitet. **17–21** Jesus isst mit den Jüngern und sagt ihnen voraus, dass einer unter ihnen ist, der ihn verraten wird. Die Jünger sind entsetzt. **22–26** Jesus dankt beim letzten Abendmahl mit seinen Jüngern für Brot und Wein, lobt und geht in den Tod zu seinem Vater.

JESUS IN TODESANGST

27–31 Jesus: Ihr werdet alle Frevel begehen. Petrus und darauf alle verleugnen dies. Doch Jesus weiß, dass Petrus ihn dreimal verraten wird. **32–41** Im Garten Gethsemane: Jesus in Todesangst. Die Jünger schlafen – Geist willig, Fleisch schwach. Jesus betet, findet sich mit Schicksal ab. **42–52** Jesus wird von Soldaten festgenommen, verraten von Judas durch Kuss. **53–59** Die Zeugen im Prozess gegen Jesus vor den Hohepriestern widersprechen sich. Jesus ist unschuldig. **60–65** Der Hohepriester zu Jesus: Bist du Gottes Sohn? Jesus: Du sagst es. Daraufhin wird Jesus zum Tode verurteilt und gedemütigt. **66–72** Petrus wurde gesagt, dass er mit Jesus war. Doch er leugnete, der Hahn krähte. Jesus sagte damals, dass dies geschehen würde. Petrus weinte.

15 **1–5** Die Priester beschuldigten Jesus schwer und Pilatus forderte

Antworten, doch Jesus schwieg eisern zu allen Anklagen. **6–15** Jesus ans Kreuz, schrie die Menge, als Pilatus fragte, ob Jesus oder der Mörder Barabbas frei sein sollte. Die Hohepriester freuten sich.

JESUS STIRBT AM KREUZ

16–20 Die römischen Soldaten verspotteten und quälten Jesus als König mit einer Dornenkrone. Dann führten sie ihn zur Kreuzigung. **21–32** Sie kreuzigten Jesus, beschuldigten ihn als König der Juden und erwarteten große Taten von ihm, die er nicht vollbrachte. **33–41** Jesus stirbt am Kreuz. Er fühlt sich todeinsam, selbst von Gott verlassen. Mein Gott, warum hast du mich verlassen? Die Augenzeugen spürten die Größe und Souveränität Gottes. **42–47** Am Vorabend vom Sabbat wurde erlaubt, dass Jesus im Felsengrab des reichen Josef von Arimathäa beerdigt wird. Maria wusste, wo das Grab war.

16 **1–8** Und da die Frauen am Grab Jesus salben wollten, fanden sie ihn nicht. Sie fürchteten sich vor dem Jüngling und flohen. **9–14** Der auferstandene Jesus erscheint in neuer Gestalt, wird aber nur von denen erkannt, die sehenden Herzens sind. **15–20** Jesus: Predigt das Evangelium! Tauft, damit die Gläubigen selig werden! Sie vermögen alles! Sprach's und steigt auf in den Himmel. Jünger ziehen los ...

Das Evangelium nach Lukas

UNGEBORENES KIND HÜPFT VOR FREUDE

1 **1–4** Lukas hat die Berichte über Jesus sorgfältig erkundet, damit er sein Evangelium für Theophilus gut begründet niederschreiben kann. **5–16** Zacharias + unfruchtbare Frau. Beide = fromm und alt. Zacharias hat Angst vor Engel, doch der sagt: Hast bald Sohn = Johannes, freu dich! **17–25** Der Engel Gabriel verkündigt dem greisen Zacharias die Geburt seines Sohnes Johannes: Wenn Gott Wunder wirkt, verstummt der Unglaube. **26–38** Engel Gabriel bringt Maria Info der Schwangerschaft: Kind ist Gottes Sohn. Auch Elisabeth wird schwanger. Gott kann alles. Maria glaubt

ihm. **39–56** Maria besucht Elisabeth, deren ungeborenes Kind vor Freude hüpft. Maria verkündet, dass Gott sich um die Menschen kümmern wird. **57–67** Die spät gebärende Elisabeth nennt ihr Kind entgegen aller Konvention Johannes und wird durch Gottes Zeichen bestätigt. **68–80** Der Herr erlöst sein Volk, wie es einst die Propheten versprachen, durch den Heiland Jesus, der in der Wüste Gott erfuhr.

ENGEL ERZÄHLT: CHRISTUS, DER HEILAND IST GEBOREN

2 **1–7** Römischer Kaiser will blöde Volkszählung: Alle zur Geburtsstadt! Josef & Maria (schwanger) nach Bethlehem. 1. Sohn geboren in Armut (Krippe). **8–20** Engel erzählt: Christus, der Heiland ist geboren. Hirten eilen zur Krippe, finden alles wahr! Verbreiten Botschaft, preisen Gott. Maria glaubt. **21–26** Das Baby Jesus wird mit 8 Tagen in das Judentum aufgenommen und beschnit-

ten im Tempel in Jerusalem, und der fromme Simeon bezeugt es. **27–35** Simeon, der Priester, war schon sehr alt, als er Jesus im Tempel traf. Er wusste genau: Dies ist der Heiland! Er lobte Gott und segnete die Familie. **36–38** Bei Jesu Beschneidung ist auch die greise Prophetin Hanna zugegen, die, am Tempel dienend, die Ankunft des Messias verkündete. **39–52** Jesus, 12, geht mit Eltern Passah feiern. Verweilt im Tempel, dem Haus Gottes. Besorgte Eltern finden ihn, er erklärt es ihnen und kehrt heim.

MASSENTAUFE MIT JESUS

3 **1–10** Johannes der Täufer spricht zu denen, die getauft werden wollen: Wieso solltet ihr dem künftigen Zorn entrinnen? Macht rechtschaffene Buße. **11–20** Johannes verbreitet die Lehre vom Teilen und der Rechtschaffenheit und kündigt die Ankunft Christi an. Herodes wirft ihn dafür ins Gefängnis. **21–22** Massentaufe mit Jesus. Ganzes Volk + Jesus

getauft: Himmel geht auf, Heiliger Geist (wie Taube) fährt nieder auf Jesus; Stimme aus Himmel: Du = mein lieber Sohn, habe Wohlgefallen. **23–30** Jesus wurde für Josefs Sohn gehalten und hatte deshalb auch dessen Stammbaum und stammt deshalb von David ab. **31–38** Alle Menschen stammen von Gott ab, weil alle von Adam abstammen. Der, der genannt wird, war ein Sohn von jedem und auch ein Sohn Gottes.

4 **1–13** Jesus kam vom Jordan zurück und der Teufel ließ ihn 40 Tage hungern. Er sollte einige Dinge tun, die ihm Jesus jedoch widerlegte. **14–21** Jesus (mit Heiligem Geist) liest in Synagoge in Nazareth aus Jesaja. (Da geht es um Geist und Sendung). Jesus sagt: Das ist durch mich erfüllt. **21–30** Jesus wird in seiner Heimat nicht anerkannt, das Volk will ihn töten, doch Gott beschützt ihn, denn es geht alles nach Gottes Plan. **31–37** Jesus lehrt die Menschen. Jemand widerspricht ihm. Jesus ant-

wortet darauf und die Menschen sind von Jesus begeistert. **38–39** Als Jesus in Simons Haus kam, war dessen Schwiegermutter sehr krank. Sie baten um Hilfe. Jesus heilte sie sofort und die Frau bediente den Gast. **40–43** Jesus heilte die ganze Nacht Kranke. Morgens wollte er fort, die Leute halten ihn. Aber Jesus: Ich muss das Evangelium in allen Städten predigen.

SÜNDER ZUR BUSSE RUFEN

5 **1–11** Jesus predigt zu dem Volk, sieht aber Petrus in seiner Not und gibt ihm einen neuen Auftrag. Petrus nimmt ihn an und erlebt: Gott heilt. **12–16** Aussätziger trifft Jesus: Herr, reinige mich! Jesus heilt ihn, er soll's für sich behalten. Von wegen! Viele wollen zu Jesus – ab in die Wüste. **17–26** Pharisäer beschuldigen Jesus der Gotteslästerung, da er einem Kranken aufgrund seines Glaubens die Schuld vergibt. Jesus bewirkt Heilung. **27–32** Jesus beruft Zöllner Levi

in seine Nachfolge und erklärt seinen verärgerten Gegnern seine Exklusiv-Mission: Sünder zur Buße rufen! **33–39** Jesus wurde gescholten, seine Jünger würden zu viel genießen und nicht fasten. Jesus verteidigte sie: Sie feiern, mich bei sich zu haben!

6 **1–11** Jesus tut am Sabbat, was nicht erlaubt ist: lehren und heilen. Das bringt die Pharisäer sehr auf. **12–16** Jesus ging auf einen Berg und betete die ganze Nacht zu Gott. Als es Tag wurde, wählte er die 12 aus, die als seine Apostel bekannt wurden. **17–19** Weiter Flur und Menschen von überall her. Heilung von Krankheit, Reinigung von Geistern wünschten sie sich. Anrührung bringt Heilung. **20–23** Jesus sprach: Selig sind die Armen, die Weinenden, die Ausgestoßenen. Freut euch, der Vater im Himmel wird euch danken. **24–26** Dagegen: Weh euch Reichen: kein Trost. Weh euch Satten: Hunger. Weh euch Lachen-

den: Weinen. Weh euch Geschmeichelten: wie falsche Propheten.

JESUS HEILT ALLEIN DURCHS WORT

27–35 Jesus sagt: Liebt eure Feinde, tut Gutes und verleiht ohne Kalkül und Eigennutz. Dann ist euer himmlischer Lohn groß. **36–45** Sei barmherzig. Bedenke, dass du nicht besser bist als der andere. Und was du nicht willst, das man dir tu, das füg' auch keinem anderen zu. **46–49** Lasst Jesu Worten eigene Taten folgen, sonst spült euch die Flut weg wie ein Haus, das nicht auf Fels, sondern auf Sand gebaut ist!

7 **1–10** Hauptmann vertraut, dass Jesus allein durch das Wort heilt. Und so geschieht es. **11–17** Danach ging Jesus nach Nain, berührte den Sarg eines toten Sohns und sprach: Jüngling, steh auf! Und der Jüngling stand auf. Voller Erfurcht pries die Menge Gott & ihn. **18–21** Johannes der Täufer schickt zu

Jesus und lässt ihn fragen, ob er der Richtige ist. Jesus ist gerade damit beschäftigt, Kranke zu heilen. **22–27** Jesus und Johannes sind in ihrem Wirken eng verbunden. Die Taufbotschaft von Johannes ebnet den Weg für Jesu wohltuendes Handeln am Volk. **28–35** Mit der Taufe geht man Gottes Weg. Jene, die Gottes Weisung folgen, finden Erfüllung & Zufriedenheit. Der andere Weg ist unharmonisch & zerrissen. **36–42** Einen Phari stört, dass Jesus sich von einer Hure die Füße salben lässt. Jesus: Je größer die Vergebung, desto größer Dank und Liebe, oder? **43–50** Jesus erklärt Simon, dass die Frau das größte Opfer gebracht und am meisten gegeben hat. Alle Sünden sollen ihr vergeben sein.

8 **1–3** Jesus zog durch das Land und erzählte die frohe Botschaft von Gott. Seine Jünger, Maria und andere Frauen waren bei ihm. **4–10** Jesus erzählt vielen ein Gleichnis: Samen fällt auf Weg, Fels und unter Dornen. Keine

Frucht. Dann auf gutes Land. Erfolg! Nicht alle verstehen es. **11–15** Es bedeutet: Same = Wort Gottes. Dann nimmt Teufel Glaube weg. Auf dem Fels = keine Wurzel. Dornen = zuhören und ersticken. Gutes Land = Frucht.

JESUS HAT ALLES IM GRIFF

16–18 Jesus: Licht ist dazu da, dass man es sieht, oder? Schaut, dass ihr das Licht meiner Lehre mitbekommt. Denn sonst bleibt ihr dumm und seid verloren! **19–21** Als seine Mutter und seine Familie ihn sehen wollten, sprach er: Mutter und Familie sind für mich die, die Gottes Wort hören und tun. **22–25** Jesus + Jünger im Boot, Seeüberquerung. Jesus pennt. Sturm & Wellen. Jünger haben Angst. Jesus stillt Sturm: Wo ist euer Glaube? Jesus hat alles im Griff. **26–32** Jesus will aus einem nackten Wahnsinnigen die 1000 Geister austreiben. Die betteln darum, dass sie in eine Schweineherde übersiedeln dürfen. **33–39** Jesus erlaubt es und die Geister fahren in die Schweine. Die stürzen sich ins Wasser und ersaufen. Der Mensch war gesund und wurde Bote Gottes.

WELTGEWINN IST NICHT VORGESEHEN

40–47 Jairus' Tochter liegt im Sterben. Jesus kommt, um ihr zu helfen. Unterwegs berührt eine andere Frau (Bluterin) seinen Mantel und wird geheilt. **48–56** Er dachte, seine Tochter wäre tot, doch Jesus sprach, Kind steh auf – und sie ward lebendig. Jesus gebot ihnen, niemandem etwas zu erzählen.

9 **1–6** Jesus sendet seine Jünger in die Welt, damit sie sein Evangelium weiter predigen. **7–9** Herodes ist beunruhigt wegen Jesus. Ist Johannes auferstanden? Ist's Elia? Oder ein anderer alter Prophet? Dann wollte er ihn sehen. **10–17** Wenn jeder gibt, was er hat, dann werden alle satt ... Von 5 Broten und 2 Fi-

schen ernähren sich 5000 – und es bleibt noch was über! Wow! **18–20** Jesus fragte seine Jünger nach seiner wahren Identität, weil viele Leute diese nicht kannten. Petrus: Du bist Gottes Sohn. **21–27** Jesus kündigt sein Leiden an und gibt den Jüngern eine Weisung: Nachfolge heißt Leidensnachfolge; Weltgewinn ist nicht vorgesehen. **28–36** Petrus, Johannes und Jakobus beobachteten, wie Mose und Elia Jesus erschienen. Sie konnten es nicht deuten und schwiegen darüber.

DIE MIT IQ 130 VERSTEHN'S NICHT, ABER IHR DUMMYS

37–42 Ein verzweifelter Vater bat Jesus für seinen einzigen Sohn: dass er diesen vom bösen Geist befreie. Jesus machte den Jungen wieder gesund. **43–45** Jesus warnt seine Jünger, dass er gefangen genommen werden wird. Aber seine Jünger verstehen ihn nicht und trauen sich nicht nachzufragen.

46–50 Die Jünger stritten, wer von ihnen der Größte sei. Jesus zeigt auf ein Kind: Wer der Kleinste ist, der ist in Wahrheit der Größte. **51–56** Jesus und seine Jünger werden von den Samaritern nicht aufgenommen. Jakobus und Johannes sind deswegen sauer, aber Jesus weist sie zurecht. **57–62** Wer Jesus folgen will, folge ohne zurückzublicken. Doch muss er wissen, dass er nichts haben wird, worauf er sein Haupt niederlegt.

10 **1–12** Jesus schickt weitere 72 Jünger als Missionare los und sagt: Die, die euch abfahren lassen, haben bald echt nichts zu lachen. **13–16** Gerichtsansage: Chorazin - Betsaida - Kapernaum. Jesus: Wer euch hört, der hört mich. Wer euch verachtet, verachtet mich und den mich Sendenden. **17–24** 72 stolze Exorzisten. Jesus: Seid froh, dass ihr Gott gefallt. Jubeljesus: Die mit IQ 130 verstehn's nicht, aber ihr Dummys - durch mich. **25–31** Das Leben fin-

det, wer Gott und den Nächsten liebt. Wer ist der Nächste? Jesus: Da wird jemand überfallen. Ein Priester kommt und sieht weg. **32–37** Auch der Levit ging vorüber. Der Samariter aber half ihm. Der die Barmherzigkeit an ihm tat, ist der Nächste. Jesus sagt: Tu das Gleiche.

RÜCKFALLGEFAHR BEI EXORZISMEN

38–42 Sie kamen in ein Dorf zu Marta und Maria. Marta arbeitete und Maria hörte Jesu Rede zu. Jesus hielt Marias Wahl für richtig.

11 **1–7** Jesus lehrt seine Jünger das Vaterunser. Er macht Mut: Zu Gott kann man jederzeit kommen wie zu einem guten Freund. Er wird einen erhören. **8–13** Er sagt: Wenn ihr Hilfe braucht, dann betet und bittet im Gebet um Unterstützung und euch wird geholfen. **14–23** Nach einer Geistaustreibung wird Jesus unterstellt, durch Satan zu wirken.

Er stellt klar, dass seine Macht von Gott kommt. **24–26** Rückfallgefahr bei Exorzismen: Ist ein böser Geist erst mal ausgetrieben, findet er keine Ruhe und kommt mit 7 noch viel schlimmeren zurück. **27–28** Als Jesus so redete, pries eine Frau aus dem Volk ihn und seine Mutter selig. Jesus: Ja, wer Gottes Wort hört und es bewahrt, ist selig. **29–32** Die Leute heute sind dümmer als die Königin von Saba: Sie haben ein einmaliges Zeichen (das »Zeichen des Jona«) und wollen nicht Buße tun! **33–36** Wer leuchten soll, braucht Energiequelle.

IHR TÖTET DIE PROPHETEN

37–44 Jesus spricht: Es geht nicht um das Äußere. Gott hat Inneres und Äußeres geschaffen und man sollte ihm beides geben. **45–54** Jesus beschimpft die Schriftgelehrten: Ihr befolgt eure eigenen Forderungen nicht. Ihr tötet die Propheten. Ihr haltet die Leute für dumm!

12 **1–7** Zu einer großen Menschenmenge sagt Jesus: Die Pharisäer sind voll Heuchelei! Vertraut ihr auf Gott, seid ihr beschützt und umsorgt. Ihr seid besser! **8–12** Ein offenes und freies Bekenntnis zu Jesus, darum geht es. Jesus: Wer zu Gott steht, kann sich auf Gott verlassen – auch in schwierigen Lagen. **13–21** Vorsicht vor Habgier. Teile. Reichtum hilft dir nicht, du Narr! Diese Nacht wird man deine Seele von dir fordern. **22–28** Macht euch keine Sorgen. Gott versorgt, was lebt, auch wenn es bald vergeht. Niemand lebt länger, weil er sich sorgt. Vertraut auf Gott!

DANN FEIERT ER MIT EUCH

29–34 Jesus: Ihr müsst euch nicht an Regeln halten oder Reichtümer anhäufen, sucht nach dem Reich Gottes, dann werdet ihr alles bekommen – auch euer Herz. **35–41** Wach sein, wenn der Herr kommt! Dann feiert er mit euch. Wann er genau kommt, weiß keiner. (Gilt auch für

Apostel.) **42–48** Behandle Menschen, für die du verantwortlich bist, gut. Dann wird es auch dir gut gehen. **49–59** Durch meine Ankunft zerstreiten sich Familien! Ein Angeklagter muss jeden Heller bezahlen, um wieder freizukommen. Ihr seid nicht allmächtig!

13 **1–5** Wer ist schuld, wenn ein Unglück passiert? Ist das eine Strafe für die Sünden? Jesus verneint das, aber er ruft zur Buße auf.

GLÜCK WICHTIGER ALS REGELN

6–9 Gleichnis: Unfruchtbarer Feigenbaum wird mit Liebe und Mühe umgraben und gedüngt. Ein Jahr Frist, vielleicht bringt's was? – sonst Fällung. **10–17** Jesus machte eine Frau gesund und stärkte ihr den Rücken – und das am Sabbat Gottes. Für Gott sind Freiheit und Glück wichtiger als Regeln. **18–21** Gottes Reich ist wie ein Senfkorn, das man sät und das wächst > Baum, in dem Vögel wohnen. Wie ein Sauerteig, er durchsäuert das ganze Mehl. **22–30** Seid nicht so sicher, dass ihr durch die Türkontrolle kommt! Letzte werden die Ersten sein, und Erste werden die Letzten sein. Wie im Club. **31–35** Er wurde gewarnt, dass Herodes Jesus töten wolle. Er versteckte sich, bis auch die Letzten an die Gesandten Gottes glauben würden.

EH BESSER, MIT LOOSERN ZU FEIERN

14 **1–6** Jesus an Sabbat bei Pharisäer, um zu essen. Dort ein Kranker. Jesus fragt, ob okay, an Sabbat zu heilen. Keine Antwort. Jesus heilt. > In Not helfen immer okay. **7–14** Besser mit Understatement unterwegs als überheblich und du bekommst ne Abfuhr. Eh besser, mit Loosern zu feiern. Das gefällt Gott. **15–24** Gott lädt zum Abendmahl ein; jeder darf kommen, wie er ist. Wer nicht kommen mag, kommt nicht. Die Verantwortung dafür trägt jeder selbst. **25–35**

Jünger kann nur jemand sein, der sich total und entschieden auf meine Seite stellt. Überschlage also vorher die Kosten!

15 **1–10** Jesus, der Freund der Sünder und Zöllner, zu den Pharisäern: Ändert euch, indem ihr sucht, was verloren ist, zur Freude Gottes. **11–21** Jesus erzählt: Vater + 2 Söhne. Jüngster will Erbe. Geht weg, macht bankrott. Landet in der Gosse – kehrt um. Papa happy. **22–32** Riesen-Fete für den jüngeren Bruder. Älterer Bruder neidisch. Meint, er wäre zurückgesetzt. Aber der Vater liebt sie beide.

LÜCKE ZWISCHEN HIMMEL UND HÖLLE IST ÜBERWINDBAR

16 **1–6** Gleichnis: Geldverschleudernder Verwalter vor der Kündigung. Erlässt schnell noch ein paar Leuten die Schulden. Als Vorsorge für später! ;-) **7–13** Jesus lobt betrügerisches Han-

deln, um seine Lebensexistenz zu sichern. Gott soll man dienen. **14–18** Jesus schimpft auf die hochmütigen Pharisäer. Dann etwas wirr: Das Gesetz geht bis Johannes, dann: Reich Gottes. Aber Scheidung bleibt. **19–24** Wer leidet und hungert im Leben, für den ist der Tod eine Erlösung. Wer reich und gesund ist, für den ist der Tod das Ende der Freude. **25–31** Jeder hat die Chance, in den Himmel zu kommen, man soll nur auf Mose/Propheten hören. Die Lücke zwischen Himmel und Hölle ist unüberwindbar.

17 **1–10** Bleibe im Guten, hilf deinem Bruder auf den rechten Weg. Verzeihe - immer wieder. Glaub' - und Wunder geschehen, wachse über dich hinaus. **11–19** Jesus begegnete zehn Aussätzigen und heilte sie, aber nur einer kehrte um und dankte Gott. Ihn segnete Jesus, der Glaube hat ihm geholfen. **20–27** Jesus spricht zu den Pharisäern, das Reich Gottes kommt zu seiner Zeit. **28–36** Sodom ward zerstört von Feuer und

WER LANGE GENUG NERVT, ERREICHT SEIN ZIEL

Schwefel, nur die werden leben, die ihr Hab und Gut verlassen können, und sie werden verglichen werden.

18 **1–8** Wer lange genug nervt, erreicht sein Ziel. Habe langen Atem und halte durch. Gib nicht auf, und du wirst dein Ziel erreichen. Sei beständig.
9–14 Seid keine arroganten Ärsche, die überall angeben, wie toll und fromm sie sind! Gott ist für den, der sieht, wo er Mist baut und echt bereut. **15–17** Man brachte Kinder zu Jesus, der zeigte auf sie und sagte: In Gottes Reich kommt nur, wer Gott so vertraut wie ein Kind.
18–30 Ein Reicher will das ewige Leben haben. Jesus sagt: Gib alles auf! Es wird sich lohnen. Das klingt unmöglich, aber Gott macht es möglich. **31–34** Jesus erzählte seinen Jüngern, dass er verspottet, misshandelt und getötet werden würde und dass er auferstehen würde –

doch sie verstanden nicht. **35–43** Ganz hinten in der Menge, die bei Jericho auf Jesus wartet, schreit ein Blinder um Hilfe. Er wird von Jesus geheilt und alle loben Gott.

DER TEMPEL WIRD ALS SHOPPING-PARADIES GENUTZT

19 **1–10** Der Zöllner Zachäus erhält das Geschenk, Jesus zu bewirten, und verspricht, großmütig zu den Armen zu sein, auch er ist Abrahams Sohn. **11–17** Nahe Jerusalem spricht Jesus in einem Gleichnis, das besagt: Wer treu ist auch im Geringen, der wird reich belohnt werden. **18–27** Jesus erzählt von Leuten, die mit ihren Pfunden wuchern. Nur einer macht nichts aus dem, was ihm gegeben ist. Letzteres verurteilt Jesus. **28–38** Kurz vor Jerusalem lässt Jesus ein Eselfüllen holen zum Einzug. Die Leute sind seine Fans und werfen Kleider auf die Straße und loben Gott. **39–44** Jesus fordert die Pharisäer und Juden auf, dem

Christentum zu folgen, weil es der einzige Weg zu Freiheit und Frieden ist. **45–48** Der Tempel wird als Shoppingparadies genutzt. Das geht gar nicht. Doch sogar die Priester hatten profitiert, wollen lieber Verkauf als Gebet.

20 **1–8** Priester fragt Jesus nach seiner Vollmacht. Er stellt Gegenfrage: War Taufe Johannes Himmel- oder Menschensache? Keine Ahnung. Also antwortet er nicht. **9–14** Gleichnis: Die Knechte im Weinberg bringen die 3 Boten des Gutsbesitzers um. Sie wollen auch den gesandten Sohn töten, um das Erbe zu haben. **15–19** Jemand wird vor dem Weinberg getötet. Die Täter werden zu Verantwortung gezogen werden.

NACH DER AUFERSTEHUNG POLYGAM?

20–26 Sie wollten Jesus hereinlegen und fragten, wem das Geld gehört – er zeigte auf das Bild des Kaisers: Gebt dem

Kaiser und Gott, was ihnen gehört. **27–40** Fangfrage der Sadduzäer: Bei serieller Monogamie auf Erden – ist man nach der Auferstehung dann polygam? Jesus: Drüben gibt es keine Ehe mehr. **41–44** Jesus: Warum nennt man den Christus »Davids Sohn«, wenn David ihn doch in Psalm 110,1 seinen Herrn nennt? **45–47** Jesus sprach zum Volk: Werdet nicht wie die Schriftgelehrten, sie sind gierig, stolz, egoistisch & nur äußerlich fromm. Gottes Urteil trifft sie hart.

21 **1–4** Jesus: Die Witwe, die in ihrer ganzen Armut alles spendet, was sie zum Leben hat, legt mehr ein, als alle Reichen, die nur einen Teil geben. **5–16** Jesus sagt die Zerstörung des Tempels in Jerusalem und Christenverfolgung voraus. Er will ihnen aber helfen, sich mit Worten zu verteidigen. **17–28** Jesus: Irgendwann geht die Welt unter. Alle werden euch hassen. Dann kommt aber der Retter und ihr könnt ihm als Einzige froh entgegensehen! **29–38** Achtet auf die

SCHRIFTGELEHRTE UND HOHE-PRIESTER WOLLEN JESUS TÖTEN

Zeichen der Zeit und erkennt, wann Gottes Reich nahe ist. Seid wachsam, nüchtern und betet, damit ihr stark seid.

22 **1–6** Kurz vor Passahfest: Schriftgelehrte und Hohepriester wollen Jesus töten aus Angst vorm Volk. Judas will Jesus für Geld verraten & ausliefern. **7–18** Am Passahtag sandte Jesus Petrus und Johannes, das Lamm vorzubereiten. Beim Mahl sprach er: Dies ist mein letztes Mahl vor meinem Tod. **19–20** Erinnert euch an mich, wenn ihr dies Brot esst und diesen Wein trinkt. Alles, was ich tue, tue ich für euch. **21–23** Jesus: Mein Verräter sitzt hier mit am Tisch, wehe ihm. Aber das Beschlossene wird eintreffen. Sie rätselten, wer von ihnen so etwas tun würde. **24–30** Jesus selber zeigt den Jüngern, sie sollen auch Diener sein. Die Belohnung erhält man im Himmel. **31–38** Jesus kündigt Petrus an, er

werde ihn verleugnen, noch bevor der Hahn kräht. Petrus widerspricht. Jesus gibt Anweisung für Zukunft: Wehrt euch!

MIT EINEM KUSS VERRATEN

39–46 Als Jesus mit ihnen auf dem Ölberg war, betete er alleine zu Gott und sagte, dass er bereit wäre zu sterben, obwohl er sich fürchtete. **47–53** Mit einem Kuss, dem Symbol großer Nähe, wird Jesus verraten. **54–62** Jesus wurde gefangen genommen und er sagte, Petrus würde ihn, ehe der Hahn kräht, 3 × verraten und das geschah auch, woraufhin Petrus weinte. **63–71** Jesus lässt sich von den Etablierten schlagen und verspotten. Am Ende ist klar: Er ist Gottes Sohn. Und sie glauben es.

23 **1–12** Pilatus und Herodes müssen über Jesu Schicksal entscheiden, und die beiden werden Freunde. **13–25** Pilatus wollte Jesus freisprechen, doch das Volk wollte, dass Jesus gekreuzigt

wird und Barabbas begnadigen. Er entsprach ihrem Willen. **26–32** Jesus warnt, das Kreuz geschultert: Nicht über mich, sondern um euretwillen solltet ihr weinen. Der Schrecken steht euch noch bevor. **33–43** Sie kreuzigten und verspotteten Jesus. Seine Leidensgenossen ermutigte er: Heute wirst du mit mir im Paradies sein. **44–49** Als Jesus verstarb, gab er Gott seinen Geist hin, und alle Menschen, die dort waren, Frauen wie Männer, konnten das beobachten.

ER WAR WEG AUS DEM GRAB

50–56 Josef aus Arimathäa bittet um den Leib Jesu und legt ihn in ein Felsengrab. Die Frauen folgen, kehren aber um und bereiten Salben und Öle.

24 **1–12** Sonntagfrüh wollten sie ihn salben. Aber er war weg aus dem Grab. 2 Engel sagten, er ist auferstanden. Jünger zweifeln. Petrus schaut nach. **13–24** Auf dem Weg nach Emma-

us. Jesus erscheint 2 Jüngern. Sie erzählen dem Fremden (Jesus) von ihrer enttäuschten Hoffnung und Trauer und von dem leeren Grab. **25–35** Der Fremde erklärt ihnen aus der Schrift, dass alles so kommen musste. Beim Essen erkennen sie ihn, wie er das Brot bricht. Und erzählen es den 11en. **36–49** Die Jünger erschraken, als der tot geglaubte Jesus zu ihnen trat. Er sprach: Erzählt allen von meiner Auferstehung und Vergebung der Sünden. **50–53** Jesus segnete seine Jünger und fuhr auf zum Himmel. Seine Jünger beteten ihn an, kehrten nach Jerusalem zurück und priesen Gott im Tempel.

Das Evangelium nach Johannes

JESUS, DER LOGOS, DER DER WELT SINN VERLEIHT

1 **1–5** Jesus, der Logos, der der Welt Sinn verleiht: Der Schöpfer und er waren eins. Er ist Leben und Licht. Doch nicht alle be- und ergreifen es. **6–17** Gott sandte Johannes, damit er von Gottes Sohn Jesus Zeugnis ablege. Durch Jesus Christus ist Wahrheit und Gnade in die Welt gekommen. **18–28** Wer ist dieser Johannes, der am Jordan tauft? Johannes macht deutlich, dass er nicht der Christus ist, sondern dieser wird nach ihm kommen. **29–34** Jesus geht zu Johannes, dieser bezeugt, dass Jesus Gottes Sohn ist und nicht wie er mit Wasser, sondern mit dem Heiligen Geist tauft. **35–43** Johannes: Das ist Gottes Lamm.

2 Jünger folgen Jesus, u. a. Andreas. Er sagt zu Petrus: Er = Messias. Jesus: Du = Fels. Auch Philippus folgt. **44–51** Auch die Zweifler, die nicht an Jesus glauben, glauben ihm, sobald sie ihn sehen, weil sie die Herrlichkeit Gottes in ihm erkennen.

2 **1–12** Als bei einer Hochzeit in Kana der Wein ausging, wandelte Jesus Wasser in Wein. So offenbarte er zum ersten Mal seine Herrlichkeit. **13–25** Jesus vertreibt Kaufleute aus dem Tempel. Er sagte, er könne in drei Tagen einen Tempel bauen. Er meinte seine eigene Auferstehung.

WER SCHÜCHTERN STILL BLEIBT, GEHT LEER AUS

3 **1–11** Nikodemus (Oberchef der Juden) kam zu Jesus: Neues Leben??? Jesus: Ja, durch Wasser und Geist ins ewige Leben. **12–21** Gott hat Jesus geschickt, um die Welt zu retten. Aber

viele Menschen ziehen das Böse dem Licht und der Wahrheit vor. Nur der Glaube hilft. **22–28** Johannes ist der Vorbote für Christus. Beide taufen. **29–36** Freude bei Hochzeit steckt an. Wer diese Freude (über Jesus) bezeugt, hat ewiges Leben. Wer schüchtern still bleibt, geht leer aus.

4 **1–12** Jesus verlässt Judäa. In Sychar, wo Jakobs Brunnen steht, wird er bei den Samaritern zunächst abgelehnt, weil sie ihn nicht erkennen. **13–25** Jesus sagt, wer mein Wasser trinkt, wird nicht dürsten. Er verkündet, dass die Zeit kommt, in der wahre Anbeter den wahren Vater anbeten. **26–30** Jesus sagte zu einer samaritischen Frau: Ich bin der Messias! Sie ging in die Stadt und sagte den Leuten, er sei der Messias. Die Leute kommen. **31–34** Die Jünger wunderten sich, dass Jesus keinen Hunger hatte. Aber Jesus sprach: Ich ernähre mich vom Geist Gottes, der mich gesandt hat. **35–38** Einer sät, ein anderer

erntet. Jeder soll sich freuen. **39–42** Die Samariter glauben der Frau, die sagt, Jesus sei Messias, und behalten Jesus bei sich. Sie erkennen die Herrlichkeit Gottes in ihm und sehen, dass er der Messias ist. **43–54** Jesus kommt aus Judäa zurück nach Galiläa und wirkt dort sein zweites Wunder, indem er ein Kind heilt. Danach glaubt die Familie an ihn.

5 **1–15** Jesus heilte einen Kranken und forderte ihn auf, sein Bett zu tragen. Da es Sabbat war, wurde er kritisiert, aber es war egal, er war gesund. **16–23** Jesus bricht den Sabbat und macht sich dadurch Feinde. Jesus: Ich tue nur, was auch der Vater tut, den ihr ehren sollt wie mich. **24–29** Wer auf Jesus hört & Gott glaubt, lebt ewig. Leben ohne Ende auch für die schon Toten. Die Bösen prüft er für mehr Gerechtigkeit. **30–38** Jesus muss nicht von Gott zeugen, da ER ihn gesandt hat. Andere müssen dies tun und an ihn glauben, damit Gott in ihnen wohnt. **39–47** Jesus: Ihr

glaubt, das Leben kommt aus der Schrift. Ihr glaubt euch gegenseitig. Aber mir glaubt ihr nicht, obwohl ich von Gott komme.

6 **1–9** Sie folgten Jesus über das Galiläische Meer und fragten, wo sie zu essen bekämen. Es ist ein Kind da, mit 2 Fischen und 5 Broten. Zu wenig!? **10–15** Jesus @5000: Haut euch da hin. Nehmt Brote & Fische, dankt und teilt. Jesus macht aus nix den Überfluss. Alle begeistert. Jesus flieht vor Fans. **16–21** Sie fuhren über den See nach Kapernaum. Es kam ein Unwetter. Jesus ging über den See auf das Boot zu. Das Boot war sogleich an Land. **22–31** Die Menschen folgen Jesus, denn sie wollen seine Zeichen sehen. Er aber verspricht ihnen ewiges Leben, wenn sie an Gott glauben. **32–40** Jesus spricht: Ich bin das Brot des Lebens. Wer zu mir kommt, den wird nicht hungern; und wer an mich glaubt, den wird nimmermehr dürsten. **41–50** Ich bin das Brot vom Himmel. Die

DOCH EINER WIRD LOOSEN

Juden murrten, er war Josefs Sohn. Der Vater wird auferstehen. Wer glaubt, lebt ewig. **51–59** Jesus: Wer mein Fleisch isst und mein Blut trinkt, hat das ewige Leben. Und wer dieses Brot, das vom Himmel ist, isst, lebt in Ewigkeit. **60–66** Viele Jünger sind unzufrieden. Der Geist der Glaubenden wird in den Himmel fahren. Die, die nicht wirklich glauben, verlassen Jesus. **67–71** Jesus fragt die 12: Wollt ihr weg? Petrus: Nein! Du bist der Heilige. Jesus: Habe euch 12 erwählt, doch einer wird loosen. Er meint Judas.

7 **1–13** Jesus schickt seine Brüder alleine auf das Fest der Juden, aber er geht heimlich hin. Einige glauben nicht an ihn, sondern verleugnen ihn. **14–24** Das Wort Jesus kommt von Gott selbst. Die Menschen halten sich nicht an die Gesetze Moses. Sie sind nicht gerecht Jesus gegenüber. **25–32** Jesus: Ihr habt den Wahrhaftigen nicht gesehen,

aber ich kenne ihn, denn ich bin von ihm. Zum Unmut der Pharisäer glaubt das Volk an Jesus. **33–39** Jesus kündigt seine Rückkehr in den Himmel an, aber seine Zeit ist noch nicht gekommen. Wer an ihn glaubt, dessen Geist wird lebendig. **40–53** Den Mächtigen war Jesus ein Dorn im Auge, weil das Volk den Messias in ihm sieht. Nur einer will ihn erst hören und sehen, bevor er urteilt.

8 **1–11** Gelehrte wollen eine ehebrüchige Frau steinigen. Jesus: Wer frei von Sünde ist, tue es. Alle gehen. Jesus: Frau, gehe und sündige nicht mehr. **12–20** Jesus sagt: Ich bin das Licht der Welt. Quatsch, sagen die Pharisäer. Da sagt Jesus: Ihr kennt weder Gott, meinen Vater, noch mich. **21–30** Der mich gesandt hat, ist mit mir. Ich tue, was er mir aufträgt. Aber wer nicht an ihn glaubt, wird als Sünder sterben und gerichtet. **31–36** Wenn ihr bleiben werdet an meinem Wort, seid ihr wahrhaftig meine Jünger und werdet die Wahrheit erkennen,

die euch frei macht. **37–47** Wäre Gott euer wahrer Vater, würdet ihr mich lieben, aber ihr glaubt meinen Worten nicht, weil ihr nicht von Gott seid. **48–59** Die Juden beschuldigen Jesus, weil sie glauben, er wäre nur arrogant. Er aber wird von Gott geehrt. Die Juden greifen ihn an, er geht.

DIE PHARISÄER SIND BLIND

9 **1–12** Jesus sieht einen blinden Menschen und öffnet ihm die Augen für das Licht der Welt, langsam öffnen sich die Augen seines Herzens zu IHM hin. **13–22** Jesus macht einen Blinden sehend. Die Pharisäer zweifeln und sehen ihre Gesetze verletzt. Die Eltern des Blinden haben Angst vor Verbannung. **23–34** Der geheilte Blinde erklärt den Menschen, warum Jesus von Gott kommen muss: Nur Gott konnte ihm die Macht geben, ihn zu heilen. **35–41** Beim geheilten Blinden bricht der Glaube aus. Jesus ist das Gericht. Die Pharisäer sind

blind, obwohl sie sehen, und dadurch Sünder.

10 **1–11** Gott schützt uns und geht vor uns her. Wir hören seine Stimme, weil wir sie kennen. Und Jesus verbindet Gott mit denen, die an ihn glauben. **12–21** Jesus: Ich bin der gute Hirte, kenne meine Schafe, kenne den Vater, andere Schafe gehören auch zu mir, ich würde für meine Schafe sterben. **22–29** Die Juden wollen Zeichen von ihm. Jesus: Ich habe es euch gesagt, aber ihr glaubt nicht. Ihr seid nicht meine Schafe, die ich behüte. **30–42** Die Juden beschuldigen Jesus der Gotteslästerung und wollen ihn steinigen. Er aber entkommt und geht fort. Dort glauben viele an ihn.

11 **1–8** Lazarus ist krank, das erfährt Jesus durch Maria und Marta. Trotz der Gefahr, die ihm dort droht, geht Jesus wieder nach Judäa. **9–18** Lazarus ist gestorben und Jesus will mit seinen Jüngern zu ihm gehen. Als er kommt, ist

Lazarus schon 4 Tage begraben. **19–32** Im Glauben an Jesus haben wir das ewige Leben, denn wer an den Sohn Gottes glaubt, wird nicht sterben. **33–45** Jesus lässt Lazarus von den Toten auferstehen und dankt Gott dafür. Diejenigen, die bei ihm waren am Grab Lazarus', glauben jetzt an ihn. **46–57** Die Pharisäer und Hohepriester wollen Jesus töten, weil die Menschen an ihn glauben. Er ist mit seinen Jüngern in Ephraim. Das Passahfest naht.

RAUSCHENDER EMPFANG FÜR JESUS

12 **1–8** Jesus speist mit Lazarus, dabei werden ihm die Füße gesalbt. Judas ist ein Dieb und beschuldigt die Armen, aber Jesus ist auf ihrer Seite. **9–11** Jesus hat Lazarus auferweckt. Das haben viele Juden mitgekriegt und deshalb an Jesus geglaubt. Daher wollten die Priester Jesus töten. **12–19** Rauschender Empfang für Jesus, der auf einem Esel

nach Jerusalem kommt. Nur den Pharisäern stinkt's. **20–27** Jesus sieht die Zeit seiner Verherrlichung gekommen und rät: Hängt nicht an dem Leben, dann werdet ihr ewiges Leben erhalten. Ertragt Qual. **28–36** Der Tag, an dem Jesus in den Himmel zieht, naht. Die Menschen verstehen ihn nicht. Sie sollen an das Licht glauben, solange es noch da ist. **37–43** Die Menschen glauben nicht an ihn, damit der Spruch des Propheten Jesaja erfüllt wird. Und die, die an ihn glauben, bekennen sich nicht aus Angst. **44–50** Jesus ruft zum Glauben auf – nicht an ihn, sondern an den, der ihn gesandt hat. Wer sein Wort hört, wird nicht gerichtet, sondern gerettet.

13 **1–8** Als Judas schon vom Verrat wusste, wusch Jesus den Jüngern die Füße. Petrus wollte nicht, und Jesus sagte, dass er bald verstehen würde. **9–17** Jesus wäscht seinen Jüngern die Füße als Zeichen der Demut und fordert sie auf, ebenso miteinander umzugehen.

18–30 Jesus bezeugte, dass sie gesegnet seien, einer aber ihn verraten würde. So schickte er Judas Iskariot bald das zu tun, was er tun muss.

ÜBERSCHÄTZE DICH NICHT, SONDERN GLAUBE!

31–35 Judas geht, Jesus sagt: Das Wort ist erfüllt. Ein wenig bleibe ich noch, ihr werdet mich suchen. Liebt euch, wie ich euch geliebt habe. **36–38** Jesus: Petrus, du kannst nicht mit, erst später. Petrus: Warum? Ich tu doch alles für dich! Jesus: Überschätze dich nicht, sondern glaube!

14 **1–14** Jesus sagt zu Thomas & Philippus, dass man ihm trauen & an ihn glauben muss, um an Gott zu glauben. Gott sei er & er sei Gott. **15–22** Die ihn lieben, halten seine Gebote ein. Er wird gehen, er wird sich seinen Jüngern offenbaren, aber nicht der Welt, denn nur sie lieben ihn. **23–31** Jesus geht - Vater sendet Heiligen Geist = Tröster, Lehrer,

Erinnerung; keine Angst vor dem, was kommt.

15 **1–8** Jesus vergleicht sich mit einem Weinstock und die Gläubigen mit Reben. Wer an ihm hängen bleibt, der wird viel Frucht bringen. **9–16** Wir sollen uns untereinander lieben, wie Jesus uns liebt. Die größte Liebe besteht darin, sein Leben für andere zu geben. **17–16** Liebe untereinander ist das Wichtigste. Aber ihr Hass auf mich übertragen sie auch auf euch. Und hassen dabei auch Gott. Passt auf euch auf!

16 **1–7** Jesus sagt seinen Jüngern die Verfolgung voraus. Ihr seid traurig, aber es ist gut, dass ich gehe, denn ich sende euch den Tröster. **8–15** Wenn Gott kommt, wird mal der Mund gehalten und getan, was er sagt; und keine Widerrede … **16–23** Ihr werdet traurig sein, wenn ich gehe, aber ich komme wieder und ihr werdet Freude empfinden. Um was ihr Gott bittet, wird er euch geben.

24–33 Ich rede bald Klartext. Jünger: Du kommst von Gott. Jesus: Bald werdet ihr allein sein, aber ich nicht, denn Gott ist bei mir. Jesus gibt Jüngern Zuversicht.

17 **1–10** Jesus: Ich habe dich verherrlicht und offenbart, oh Herr, ich bitte für die, die du mir gegeben hast! Mein ist dein und dein ist mein. **11–19** Gott soll alle bewahren, die mit Jesus sind, da er nicht mehr in der Welt ist, um bei ihnen zu sein. **20–26** Jesus bittet Gott, dass alle Menschen von seiner Liebe erfüllt werden und dadurch eins werden.

JESUS WIRD VERHÖRT

18 **1–11** Dramatische Szene im dunklen Garten: Judas, der Freund, kommt mit Soldaten. Er verrät Jesus. Petrus will kämpfen, aber Jesus verbietet es. **12–18** Jesus wird von den Juden gefangen genommen, Petrus und ein anderer Jünger gehen mit ihm. Als danach ge-

fragt wird, verleugnet Petrus Jesus. **19–27** Jesus wird verhört. Er verweist auf seine Zuhörer als Zeugen, was er verkündigt hat. Doch selbst Petrus verleugnet ihn feige, wie befürchtet. **28–34** Jesus kommt zu Pilatus; Pilatus fragt, ob Jesus König der Juden ist; Jesus fragt, ob diese Frage von ihm komme. **35–40** Jesus erklärt Pilatus: Mein Reich ist nicht von dieser Welt. Pilatus findet keine Schuld an ihm. Aber das Volk will keine Gnade für Jesus.

19 **1–7** Pilatus lässt Jesus foltern und findet keine Schuld, doch das Volk fordert seine Kreuzigung als erlogener Sohn Gottes. **8–17** Kreuzige ihn!, schrien alle. Pilatus: Das ist euer König!? Volk: Nein! Ans Kreuz! Dann musste Jesus sein Kreuz nach Golgatha tragen. **18–23** Jesus wird gekreuzigt. Die Anklage lautet: Jesus von Nazareth, König der Juden (INRI). Die Soldaten rauben ihm seine Kleider.

ES IST VOLLBRACHT

24–27 Das Gewand, das sie nicht teilen können, wollen die Soldaten untereinander verlosen. Der Jünger, der dort ist, nimmt Jesu Mutter zu sich. **28–37** Jesus stirbt am Kreuz, detailgenau, wie es die Schrift vorhersagt. Statt Beinbruch durchbohrt. Wahrlich – für uns. Es ist vollbracht. **38–42** Josef, Jünger Jesu, nahm den Leichnam Jesu vom Kreuz, zusammen mit Nikodemus salbte er ihn, wickelte ihn in Tücher und legte ihn ins Grab.

20 **1–10** Maria Magdalena, Petrus und Johannes eilen zum Grab und sehen, dass Jesus weg ist – aber sie verstehen noch nicht, was das bedeutet. **11–18** Maria stand weinend am Grab. Jesus sprach sie liebevoll mit ihrem Namen an. Sie erkannte den Auferstandenen und sagte allen die gute Nachricht. **19–24** Jesus kommt zu den Jüngern, Thomas fehlt, und spricht: Nehmt hin den Heili-

gen Geist. **25–29** Der ungläubige Thomas braucht Beweise. Aber: Selig sind, die nicht sehen und trotzdem glauben! **30–31** In dem Buch stehen längst nicht alle Zeichen & Wunder, die Jesus tat. Aufgeführt sind ein paar, die glauben lassen, dass Jesus Christus Gottes Sohn ist.

21 **1–6** Simon und andere Jünger hatten nichts zu essen. Da offenbarte sich Jesus ihnen am See Tiberias, und die Netze waren voll der Fische. **7–14** Jesus offenbarte sich zum dritten Mal seinen Jüngern, nachdem er von den Toten auferstanden war. Er teilte mit ihnen Fisch und Brot. **15–17** Als sie aßen, fragte Jesus Simon Petrus 3 ×: Liebst du mich am meisten? 2 × Petrus: Ja. Beim 3.: Ja, du weißt doch alles. Jesus 3 ×: Weide meine Schafe! **18–23** Jesus bezeugt Petrus seine Eigenwilligkeit, prophezeit seinen Tod, der gegen seinen Willen eintritt, und ruft ihn zur Nachfolge. **24–25** Wir wissen, dass alles wahr ist, was dieser Jünger geschrieben hat. Es gibt noch

mehr, was Jesus getan hat - allerdings gäbe es auf der Welt nicht genügend Platz für alle Notizen.